Reise durch

KANARISCHE INSELN

Bilder von
Jürgen Richter

Texte von
Ralf Nestmeyer

Stürtz

Erste Seite:
In den einsamen Buchten entlang der Costa de Adeje im Süden Teneriffas gibt es genug Gelegenheit, mit sich und der Welt alleine zu sein. Im Unterschied zu den Stränden im nördlichen Teil der Insel ist der Sand hier hell.

Vorherige Seite:
Einsames Zeugnis der kanarischen Glaubenswelt ist das Monasterio bei Los Llanillos auf El Hierro, der jüngsten, kleinsten und menschenleersten der Kanarischen Inseln.

Unten:
Jedes Dorf und jede Stadt haben ihre eigenen Fiestas auf Teneriffa. Musik- und Trachtengruppen füllen die Straßen beim Stadtfest von La Orotava.

Seite 10/11: *Eine Kameltour durchquert die Montañas del Fuego des Timanfaya-Nationalparks auf Lanzarote, eine ausgedehnte Lavafläche mit vielen Kratern und Kegeln.*

Inhalt

Kanarische Inseln – Palmen, Feuerberge und subtropischer Regenwald

Die Berge fallen an der Westküste Gran Canarias steil zur Küste hin ab. Vom Aussichtspunkt Mirador del Balcón bietet sich ein schöner Panoramablick.

Schon in der Antike galten die Kanarischen Inseln als ein Elysium am westlichen Rand der Welt. Ihre Magie haben die sieben vulkanischen Eilande bis heute nicht verloren. Die Kanarischen Inseln, die geografisch zu Afrika, politisch aber zu Spanien gehören, sind ein Paradies mit Palmen, endlosen Sandstränden und üppiger Vegetation. Jahr für Jahr kommen Millionen Menschen hierher, getrieben von der Sehnsucht nach dem »ewigen Frühling«. Letzteren sollte man aber nicht mit einem ewigen Sommer verwechseln, denn die Nächte in den bergigen Regionen können empfindlich kalt werden.
Das große Plus des kanarischen Archipels ist das außergewöhnlich vielfältige Landschaftsspektrum. Jede Insel besitzt ihren eigenen Charakter: Gomera besticht durch seinen immergrünen Regenwald, auf El Hierro dagegen ist Wasser genauso Mangelware wie auf dem saharagelben Fuerteventura und auf Lanzarote, der spröden Lavaschönheit. Wanderfreunde begeistern sich für La Palmas gewaltigen Erosionskrater Caldera de Taburiente, Sonnenanbeter für Teneriffa und Gran Canaria, zwei Inseln, die so unterschiedliche Klimazonen aufweisen, dass jede für sich selbst wie ein kleiner Kontinent erscheint.

Geheimnisvolle Guanchen

Als die Spanier die Kanarischen Inseln im 14. Jahrhundert entdeckten, waren diese keineswegs unbewohnt. Auf allen sieben Inseln lebten die Guanchen – so nennt man die Ureinwohner verallgemeinernd –, ein geheimnisvolles Volk, dessen primitive, »heidnische« Kultur den spanischen Säbelhieben nichts entgegenzusetzen hatte und bis auf wenige rätselhafte Kultstätten, Sonnenräder, Wohnhöhlen und Steinzeichnungen zerstört worden ist. Wahrscheinlich stammten die Guanchen, die weder das Rad noch die Metallverarbeitung kannten, aus dem nahen Nordafrika, doch warum sie die Inseln besiedelten und weshalb die Kunst der Seefahrt verloren ging, sodass zwischen den einzelnen Inseln kein Kontakt bestand, bleibt wohl für immer verborgen. Weitere Rätsel sind, weshalb das auf der Kulturstufe der Jungsteinzeit stehende Volk die Kunst der Mumifizierung

beherrschte und aus welchem Grund die von Thor Heyerdahl entdeckten Pyramiden von Güimar errichtet worden sind.
Historisch gesichert ist hingegen, dass der letzte Guanchenkönig Tanausú mit seinem Volk im unzugänglichen Krater Caldera de Taburiente auf La Palma Zuflucht suchte, doch wurde er mit einem verräterischen Trick aus seinem Versteck gelockt, sodass auch dieser Teil der Insel von den Spaniern erobert werden konnte. Da die Spanier kaum Frauen in ihren Reihen hatten, dürften die meisten Kanarier noch Guanchenblut in ihren Adern haben. Dies erklärt vielleicht auch ihre Begeisterung für die Lucha Canaria, den traditionellen Ringkampf, in dem sich schon die Dorfgemeinschaften der Ureinwohner gemessen haben sollen.

Teneriffa – paradiesisch schön

Teneriffa wurde gewissermaßen zweimal entdeckt und erobert. Zuerst kamen die Spanier auf der Suche nach verborgenen Schätzen und neuen Ländereien, dann die Nordeuropäer, die ihrerseits einen Anteil am Sonnenreichtum der Insel einforderten. Viele Urlauber bleiben Playa de las Américas oder Los Cristianos die ganzen Ferientage treu, sodass auf Teneriffa noch eine andere, ländliche Welt existiert, die vom Besucherstrom nahezu unbehelligt geblieben ist. Besonders ursprünglich ist beispielsweise das Anaga-Gebirge, das sich nordöstlich von Santa Cruz erstreckt. Ein unwegsames Gebirge, dessen steile Falten und Hänge nur auf Ziegenpfaden erkundet werden können – für den Ackerbau im großen Stil ist das Gebiet denkbar ungeeignet. Wer hier ernten wollte, musste die Felder mühsam terrassieren. In den ganz abgelegenen Gebieten gibt es sogar noch Lorbeerwälder. Wer will, kann auf Teneriffa in vollkommener Abgeschiedenheit leben – dies weiß auch der Kinderbuchautor Janosch zu schätzen, der seit dem Jahr 1980 in einem bescheidenen 35-Quadratmeter-Haus wohnt.
Paradiesische Verhältnisse finden sich im Orotava-Tal, über das sich Alexander von Humboldt schon vor 200 Jahren begeistert äußerte. Der weit gereiste Gelehrte stellte fest, er habe »ein so mannigfaltiges, so anziehendes, durch die Verteilung von Grün und Felsmassen so harmonisches Gemälde« noch nirgends auf der Welt gesehen.
Abgesehen von Santa Cruz de Tenerife sollte man auf jeden Fall zwei Städte gesehen haben: Puerto de la Cruz, das bereits Ende des 19. Jahrhunderts als kanarische Variante eines Kurortes gehandelt wurde, sowie die Universitätsstadt La Laguna. Dank seiner annähernd 25 000 Studenten ist das »kanarische Oxford« bekannt

Das ländliche Gran Canaria ist noch nicht verschwunden: Viele Häuser wie die bei El Risco gelegene Casa »La Pintora« stehen inmitten einer atemberaubenden Natur.

für ein abwechslungsreiches Nachtleben. Tagsüber bummelt man zwischen Palästen und Villen im spanischen Kolonialstil.

Teide – der Heilige Berg

Wie der Ätna in Sizilien, so zieht auch der Teide mit seinen schneebedeckten Aschenflanken die Blicke geradezu magisch an. Beide Giganten sind Schichtvulkane, die bei jedem Ausbruch ein Stück höher wachsen. Während der Ätna noch aktiv ist, datiert der letzte Ausbruch des Teide wahrscheinlich in das Jahr 1492 und wurde von keinem Geringeren als Kolumbus bei seiner ersten Atlantiküberquerung beobachtet. Bis weit in das Frühjahr hinein wird der mit 3718 Metern höchste spanische Berg von einem weißen »Zuckerhut« gekrönt. Ein majestätischer Koloss, der von den Guanchen als Heiliger Berg verehrt wurde.
Je näher man dem Gipfel des Teide kommt, desto intensiver ist der beißende Geruch der Fumarolen: Das Regenwasser, das in das Vulkangestein einsickert, fängt auf seinem Weg nach unten zu sieden an und wird als mit Schwefel angereicherter Wasserdampf durch unsichtbare Klüfte im Gestein wieder ausgestoßen. Da die Kraft des Teide seit Langem weitgehend verbraucht scheint, ist es am Kraterrand heute nicht mehr allzu heiß. Eine Besteigung des Teide ist seit ein paar Jahren allerdings nur noch mit einer Sondergenehmigung erlaubt – eine Vorsichtsmaßnahme, um die brüchige Vulkanlandschaft vor dem Besucheransturm zu schützen. Zu Recht, denn derzeit fahren alljährlich 400 000 Menschen mit der Seilbahn zur 3555 Meter hohen Bergstation des Teide, um den fantastischen Panoramablick zu genießen. Gomera und Gran Canaria scheinen zum Greifen nah, La Palma und El Hierro lösen sich bereits im Dunst des Horizonts auf.

Gran Canaria – eine Insel voller Kontraste

Gran Canaria mit seinen ausgedehnten Sandstränden gilt gemeinhin als das Mekka aller Strandurlauber. Die meisten denken sofort an Playa del Inglés und Maspalomas, die mit ihren 150 000 Betten die größten Ferienstädte der Kanaren sind. Zählt man noch die rund 60 000 Kanaren hinzu, die in den beiden zu-

sammengewachsenen Orten arbeiten, so kann man eigentlich von einer Großstadt sprechen, die in den letzten Jahren am südlichen Zipfel von Gran Canaria entstanden ist. Das Kapital der Region sind die traumhaften Sandstrände, an denen sich die Geister scheiden: Die einen fliegen nur deswegen dorthin, die anderen meiden die Bettenburgen am Playa del Inglés wie der Teufel das Weihwasser.

Doch verlässt man den Küstensaum, kann man ein abwechslungsreiches, weitgehend ursprüngliches Gran Canaria entdecken: Bizarr geformte Gipfel und tiefe Schluchten prägen das Bild. Der Schriftsteller Miguel de Unamuno bezeichnete die Landschaft treffend als »versteinertes Unwetter«. Das Zentrum der Insel, von dem aus die Barrancos dem Atlantik entgegenstreben, bildet der 1949 Meter hohe Pico de las Nieves. Wer rund um die »Schneespitze« auf dem Dach der Insel unterwegs ist, wird mit atemberaubenden Aussichten belohnt.

Das bergige Landesinnere ist spärlich besiedelt, nur an wenigen Stellen ist Platz für kleine Siedlungen wie beispielsweise San Bartolomé de Tirajana, ein anmutiges Dorf mit engen Gassen und schneeweiß gekalkten Mauern oder Teror mit seinen typisch kanarischen Häusern, den geschnitzten Holzbalkonen und seiner Kathedrale.

Facettenreiche Hauptstadt Las Palmas

Das kosmopolitische Las Palmas mit seinen 380 000 Einwohnern ist mehr als die Hauptstadt von Gran Canaria, es ist der urbane Dreh- und Angelpunkt des gesamten Archipels. Hochhäuser, Schlafstädte, Verkehrsprobleme – all jene Attribute, die eine moderne Großstadt auszeichnen, sind hier zu finden. Die Bevölkerung hat sich in den letzten dreißig Jahren vervierfacht, denn viele erhoffen sich, ihr Glück in der schnell wachsenden Hafenstadt zu machen.

Las Palmas besitzt kein richtiges Zentrum, vielmehr drängen sich verschiedene Stadtteile eng aneinander, um die Entfernung vom Altstadtviertel La Vegueta bis zum Hafen Puerto de la Luz zu überbrücken. Tagsüber bummelt man durch die Einkaufsmeile Mesa y López oder sonnt sich an der Playa de las Canteras, abends amüsiert sich die Jugend in den Discos und Kneipen von Santa Catalina. Kulturinteressierte begeistern sich für die historische Altstadt mit der stolzen Kathedrale Santa Ana oder für eines der zahlreichen Museen. Das Spektrum reicht dabei von dem Museo Canario, das in die Archäologie und Vorgeschichte des Archipels einführt, bis hin zum Centro Atlântico de Arte Moderne, das sich der modernen spanischen und kanarischen Kunst verschrieben hat.

Auch in Gran Canarias Hauptstadt Las Palmas, die mit knapp 400 000 Einwohnern die größte Stadt des Archipels ist, finden sich noch beschauliche Szenerien wie die hier an der Playa de las Alcaravaneras aufgereihten Fischerboote.

Poetisches Lanzarote

»Jeder Mensch trägt eine innere Landschaft in sich. Ich habe das Glück, meine hier gefunden zu haben«, so beschreibt der portugiesische Literaturnobelpreisträger José Saramago sein Verhältnis zu Lanzarote. Seit 1992 lebt der Schriftsteller auf der Insel und genießt die inspirierende Wirkung, die von der Einsamkeit und Kargheit der Vulkaninsel ausgeht. Lanzarote ist die eigenartigste der Kanarischen Inseln: Sie ist ein Eiland des Feuers und der Farben. Eine zutiefst poetische Landschaft, die Kreativität und Spiritualität gleichermaßen anregen soll.

Auf den Montañas del Fuego, den Feuerbergen, ruht stets ein goldgelber Schimmer, je nach Sonnenstand untermischt mit zartem Graugrün und leichtem Blau, das sich Rotbraun färbt, wenn sich dunkle Wolken vor die Sonne schieben. Die breiten Lavaströme und metallfarbenen Ascheberge wirken, als seien sie erst vor Minuten erstarrt. Die UNESCO würdigte die einzigartige Vulkanlandschaft von Lanzarote und erklärte sie 1993 zum Biosphärenreservat. Für die Menschen von Lanzarote bedeutete es ein hartes Stück Arbeit, ihr trockenes Eiland zu beackern. Doch im Laufe der Zeit entwickelten sich die Bauern zu wahren Spezialisten im Trockenfeldanbau. Eine dicke Schicht Lapilli – poröse Vulkansteinchen – zieht die Feuchtigkeit aus dem Wind, speichert den Tau der Nacht und gibt sie an die Pflanzenwurzeln im Mutterboden weiter. So gedeihen Zwiebeln, Kartoffeln, Tomaten, Mais und Wein. Vor allem die in Minikratern angebauten Weinstöcke von La Geria sind nicht nur ein Fest für die Augen: Das New Yorker Museum of Modern Art zeichnete diese einmalige Kulturlandschaft aufgrund ihrer ästhetischen Reize bereits 1964 als Kunstwerk aus.

Auf dem Flughafen von Arrecife landet zwar jeder Besucher, doch keiner bleibt, um die Hauptstadt von Lanzarote zu besuchen; umgehend geht es weiter nach Puerto del Carmen oder Playa Blanca. Ein Fehler, denn Arrecife ist mit seinen 55 000 Einwohnern die einzige rich-

tige Stadt der Insel, in der man das Alltagsleben auf einer Urlaubsinsel kennenlernen kann. Nur in Arrecife gibt es Fabriken, größere Firmen und sogar eine Technische Universität. Die Autos in den Straßen zeugen von dem Wohlstand, der auf Lanzarote seit gut einem Jahrzehnt zu Hause ist.

Die achte Insel – La Graciosa

Nur einen Steinwurf weit von Lanzarote entfernt liegt La Graciosa, ein karges Minieiland, das erst 1876 besiedelt wurde, als ein Unternehmer in der Bucht von Caleta del Sebo eine Fischfabrik errichtete. Heute wird La Graciosa von weniger als 700 Menschen bewohnt; drei Fähren pro Tag sind die einzige Verbindung zur Außenwelt. Die – abgesehen von ein paar Jeeps und der Müllabfuhr – autofreie Insel besitzt nur wenige Gästebetten. La Graciosa ist ein Eiland ohne Bäume, Quellen und Sträucher, ohne Boutiquen und Souvenirshops; in zwei kleinen Supermärkten kann man sich mit dem Nötigsten eindecken. Mit anderen Worten: Ein Ferienparadies für Individualisten, die mit sich selbst und der Welt im Reinen sind. So wenig Zerstreuung macht es den Jugendlichen schwer, ihrer Heimatinsel nicht den Rücken zu kehren. Um die Abwanderung zu stoppen, schenkt die Inselregierung von Lanzarote, die auch für La Graciosa zuständig ist, jedem einheimischen Hochzeitspaar ein Stück Land für den Hausbau.

Zivilisierte Sahara – Fuerteventura

Die kilometerlangen saharagelben Sandstrände sind die schönsten der Kanaren. Türkisfarbenes, kristallklares Meer und Sonne im Überfluss, dazu ein erfrischender Wind – Fuerteventura bietet alle Voraussetzungen für ein unbeschwertes Urlaubsleben. Neben Sonnenanbetern hat Fuerteventura noch eine andere eingeschworene Fangemeinde, die der Surfer. Unter Eingeweihten gilt die Insel als das »europäische Hawaii«. Mehr noch: Die Starkwindreviere an der Playa Blanca locken Speedfreaks aus der ganzen Welt an, während die Wellenreiter auf die perfekte Welle warten. Das Zauberwort heißt Calima, ein heißer Wind, der aus der Sahara kommt und das Meer zu masthohen Brechern auftürmt.
Wer sein Surfbrett und die Liegestuhlreihen an der Küste verlässt, wird im Inselinneren ein ganz anderes Fuerteventura entdecken. Trockene, steppenartige Täler, die von genügsamen Ziegenherden bevölkert werden, sowie vereinzelte Vulkankegel und fahle Bergketten, die je nach Sonnenstand und Jahreszeit in den unterschiedlichsten Rot- und Brauntönen aufleuchten. Der baskische Schriftsteller Miguel de Unamuno verglich die Insel voreingenommen

Der Kanarienvogel, prominentester Vertreter der kanarischen Vogelwelt, ist in der ganzen Welt verbreitet, aber auf El Hierro baut Eladio Acosta die Käfige für die kleinen Stimmwunder noch von Hand.

mit einem vom Durst gepeinigten Gerippe, denn er kam nicht freiwillig, sondern wurde von Franco nach Fuerteventura verbannt.

La Palma – die Schöne

Unter den Edelsteinen der Kanarischen Inseln ist La Palma der Smaragd. Von den Passatwinden begünstigt, gedeiht auf der Insel eine ausgesprochene Vielfalt seltener Pflanzenarten, darunter der Eselsthymian und mehr als vierzig andere Pflanzen, die weltweit nur auf La Palma zu finden sind. An der Cumbre, einem von Norden nach Süden verlaufenden Gebirgszug, regnen sich die Passatwolken ab, sodass es auf der Insel im Frühjahr besonders prächtig grünt und blüht. Die größte landschaftliche Attraktion ist die Caldera de Taburiente, die mit einem Durchmesser von neun Kilometern zu den größten Kraterkesseln der Welt gehört. Als der deutsche Geologe Leopold von Buch die Insel 1825 erkundete, beschrieb er die Caldera als einen Krater von »entsetzlicher Tiefe«. Knapp eineinhalbtausend Meter stürzen die schroffen Basaltwände vom Roque de los Muchachos hinunter. Der 2426 Meter hohe Gipfel liegt oberhalb der Wolken- und Nebelgrenze und wird seit 1985 von der bedeutendsten Sternwarte der nördlichen Hemisphäre gekrönt. Den Kessel selbst kann man auf Schusters Rappen durchstreifen.

Handgerollte Kostbarkeiten

Wer an edle Zigarren denkt, denkt an Kuba, Havanna und Fidel Castro, nicht aber an La Palma. Nur Kenner wissen, dass die von Hand gerollten Zigarren von der Kanareninsel von ausgezeichneter Qualität und zudem wesentlich günstiger sind. Der berühmteste Liebhaber der Zigarren von La Palma war Winston Churchill. Nur beim Schlafen verzichtete der zweimalige englische Premierminister auf seine »Puros«. Aufgrund billiger Importe sind die goldenen Zeiten des Tabakanbaus lange vorbei, doch gibt es immer noch Einmannbetriebe auf der Insel, in denen die Zigarren per Hand hergestellt werden. Abgesehen von der Qualität des Tabaks ist viel Erfahrung und Geschick vonnöten, um erstklassige »Puros« zu fertigen. So

müssen die Tabakblätter der Einlage so gebrochen werden, dass die Zigarre später gleichmäßig abbrennt. Zuletzt wird das Deckblatt, das fünfzig Prozent des Aromas ausmacht, um die Zigarre gewickelt und das Mundstück zurechtgeschnitten. Da dieses »Handwerk« nur noch von wenigen alten Männern ausgeübt wird, scheint sich abzuzeichnen, dass die Kunst des Zigarrendrehens vom Aussterben bedroht ist.

Gomera – Insel der Gegensätze

Auf den ersten Blick ist Gomera alles andere als eine einladende Insel. Das zerklüftete vulkanische Eiland besitzt nur wenige Sandstrände, zumeist bilden schroffe Felswände und Kieselstrände die Küstenlinie: Von der Inselmitte aus verlaufen die Haupttäler sternförmig zum Meer hinunter. Diese tief eingeschnittenen »Barrancos« werden von bis zu 1000 Meter hohen Bergrücken getrennt; einst schier unüberwindbare Hindernisse, die heute für Wanderer und Biker eine stete Herausforderung darstellen. Angesichts dieser geografischen Unwegsamkeiten mussten die Gomeros geradezu ihre berühmte Pfeifsprache »El Silbo« erfinden, denn der Weg zum nächsten Tal ist zeitaufwändig und mit großen Mühen verbunden. Je nach Windstärke lässt sich mit »El Silbo« auch über mehrere Kilometer hinweg ein Schwätzchen führen. Heute wird die Pfeifsprache in den Schulen unterrichtet, um sie im Zeitalter der modernen Kommunikation vor dem Vergessen zu retten.
Besonders intensiv sind die klimatischen Gegensätze, wenn man von der sonnigen Südküste hinauf zum Nationalpark Garajonay fährt. Rund um den namengebenden, 1487 Meter hohen Berg schlägt einem feuchte Kälte entgegen. Nur struppige Flechten, Moose und die knorrigen Lorbeerbäume scheinen sich in dem subtropischen Regenwald, der seine Feuchtigkeit aus den Wolken zieht, richtig wohlzufühlen.

Unterkunft mit Vollwertkost

Das Valle Gran Rey, das bereits in den Siebzigerjahren als Hippietreffpunkt und Aussteigerparadies in den deutschen Medien bekannt wurde, hat sich spürbar verändert. Paradiesisch schön ist das Tal noch immer, doch sind die langhaarigen Freaks, die den ganzen Tag zwischen Bananenplantagen und der »Schweinebucht« vor sich hin träumten, bis auf ein paar Restexemplare verschwunden. Aus Blumenkindern sind Galerie- und Pensionsbesitzer geworden, die ihre Gäste mit Vollwertkost bewirten, tagsüber sorgen Biobackwaren, Müsli-Cafés und Saftbars für das körperliche Wohlbefinden.

An klaren Tagen reicht der Blick vom Aussichtspunkt Mirador Talavera an der Ostküste La Palmas bis hinüber nach Teneriffa.

El Hierro – ein ewiger Geheimtipp

El Hierro, die kleinste und westlichste der Kanarischen Inseln, gilt noch immer als ein »Geheimtipp«. Ein ewiger Geheimtipp, denn es gibt gerade einmal 1100 Gästebetten und höher als drei Stockwerke darf nicht gebaut werden. Zudem besitzen die Herreños ein großes Traditionsbewusstsein und viel Verständnis für den Umweltschutz. Mit anderen Worten: Nach El Hierro kommen nur überzeugte Kanarenliebhaber, Wanderfreaks oder ausgesprochen Ruhebedürftige. Nur einer von 1600 Kanarenbesuchern verirrt sich hierher. Zerstreuung wird kleingeschrieben, obwohl es in der Inselhauptstadt Valverde sogar ein Kino gibt. Da mutet es geradezu wie Hohn an, dass die 2001 ausgestrahlte Reality-TV-Serie »Girls Camp« in einem Haus auf El Hierro und nicht etwa auf Ibiza gedreht worden ist …

Dass die Herreños für den Erhalt ihrer Insel notfalls auf die Barrikaden gehen, musste die konservative spanische Regierung unlängst erleben. Gegen das vom Nationalen Institut für Weltraumtechnik geplante Projekt, auf El Hierro eine Raketenabschussbasis zu errichten, protestierte im Dezember 1996 die halbe Inselbevölkerung in Valverde. Als das immer noch nicht genügte, charterten die Herreños im Mai 1997 eine ganze Fähre, um mit 20000 Sympathisanten in Teneriffa vor dem Parlament zu demonstrieren. Die Regierung in Madrid kapitulierte, wie schon in den Achtzigerjahren, als der Bau einer Radar-Frühwarnanlage verhindert wurde. Die Perspektive, als größter europäischer Weltraumbahnhof in die Geschichte einzugehen, begeisterte niemanden, stattdessen setzt man auf ökologische Landwirtschaft und sanften Tourismus. Schon heute produziert El Hierro mehr Bioprodukte als alle anderen Kanarischen Inseln.

Seite 22/23: *Auf der Plaza España schlägt das Herz von Los Llanos de Aridane, der zweitgrößten Stadt von La Palma. Besucher wie Einheimische sitzen hier gerne, um sich im Müßiggang zu ergehen.*

Seite 24/25: *Der Hausstrand der Inselhauptstadt von Teneriffa, Santa Cruz, ist einer der schönsten der Insel und versprüht karibisches Flair. Der Strand ist jedoch nicht natürlichen Ursprungs. In den Siebzigerjahren wurden Tausende Tonnen hellgelben Saharasandes per Schiff herantransportiert und aufgeschüttet.*

Marlboro

ESTRELLA POLAR
LA ORCA

7ªTE-1-728-92

Teneriffa, La Palma, Gomera und El Hierro – von der größten Insel zum letzten Außenposten Europas

Garachicos weiße Häuser heben sich deutlich von dem schwarzen Lavagestein Teneriffas ab. Der Ort liegt auf einer Halbinsel am Fuße des Teno-Gebirges, die von den Gischtkronen des tiefblauen Meeres umspült wird.

Teneriffa ist die größte der Kanarischen Inseln, weshalb sie gerne als ein »Kontinent im Kleinen« bezeichnet wird. Dementsprechend abwechslungsreich präsentiert sich das Landschaftsbild: ganz im Süden karge, von der Sonne gebleichte Steinwüsten, im Nordosten immergrüne Lorbeerwälder und dazwischen mit majestätischer Würde: der Teide. Um den Vulkan besser vor dem großen Ansturm der Reisenden schützen zu können, ist der Aufstieg seit ein paar Jahren nur noch mit einer speziellen Genehmigung der Nationalparkverwaltung erlaubt.

Während Teneriffa vor allem von den Strandurlaubern lebt, sind Gomera und La Palma die klassischen Wanderinseln des Archipels und werden in erster Linie von Individualreisenden besucht. Vom Regen verwöhnt, besitzen beide Inseln nicht nur eine üppige Vegetation, sie konnten sich auch viel von ihrer Ursprünglichkeit bewahren, da es an Stränden mangelt. Doch hier enden auch schon die Gemeinsamkeiten: Während die Hauptattraktion von La Palma der riesige Krater Caldera de Taburiente ist, lockt das an vielen Stellen unzugängliche Gomera mit seinem immergrünen Regenwald. Obwohl Gomera die zweitkleinste Insel der Kanaren ist, vereint sie auf engstem Raum zahlreiche Landschaftselemente und mehrere Klimazonen. Die terrassierten Steinhänge des Valle Gran Rey, ein blühender Garten Eden, üben seit Jahrzehnten eine faszinierende Wirkung auf Aussteiger jeglicher Couleur aus.

Noch weiter im Westen liegt El Hierro, Europas letzter Außenposten. Die Insel ist ein El Dorado für Naturfreunde. Die fruchtbare, hügelige und oft von Passatwolken verhüllte Hochebene erinnert an Irland, der Kiefernwald El Pinar im Süden der Insel gilt als der schönste des gesamten Archipels und wird nur noch von El Sabinar, dem weltweit einzigen Wacholderwald, in den Schatten gestellt.

Rechte Seite:
Die Masca-Schlucht auf Teneriffa ist ein imposantes Naturszenario, das sich nur dem Wanderer in seiner ganzen Schönheit erschließt. Ohne festes Schuhwerk und einen ausreichenden Wasservorrat sollte man die anstrengende Tour allerdings nicht unternehmen.

Rechts:
An die Playa de Masca an der wilden Westküste Teneriffas führt vom Bergdorf Masca aus ein herrlicher Weg durch das tiefe Tal Barranco de Masca.

Rechts:
Bei Wanderungen durch das Teno-Gebirge auf Teneriffa lassen sich immer wieder kleine beschauliche Dörfer wie Casas Cuevas del Palomar entdecken.

Seite 30/31:
Hier ist die Welt von Teneriffa noch in Ordnung. Keine Bettenburg wirft Schatten auf idyllische Strände. Das kleine Örtchen El Puertito, direkt am Meer zwischen Playa de Las Americas und Playa de San Juan gelegen, strahlt einen beschaulichen Charme aus.

Kleine Bilder links:
Bei Windsurfern und Wellenreitern gleichermaßen beliebt ist die Brandung der Playa del Médano auf Teneriffa.

Unten:
Die Playa del Médano ist der längste natürliche Strand Teneriffas. Eingerahmt von harmonisch geschwungenen Tufffelsen erstreckt er sich über mehrere Kilometer. Sein südliches Ende wird durch einen kegelförmigen Vulkan, die Montaña Roja, markiert.

Seite 34/35:
Der 3718 Meter hohe Pico del Teide ist das Wahrzeichen von Teneriffa und zugleich der höchste Berg Spaniens. Hier dient er als Kulisse für das Fischerdorf El Pris nördlich von Tacoronte.

Seite 36/37:
Vom Gipfel des Teide überblickt man nicht nur Gesamt-Teneriffa, sondern auch das benachbarte Gomera und Gran Canaria.

Links:
Siebzehn Meter ragt die mächtige, schirmförmige Krone des berühmten Drachenbaums von Icod de los Vinos auf Teneriffa in die Höhe. Neben dem etwa 600 Jahre alten Naturdenkmal wirken selbst Palmen wie Zierpflanzen. Das genaue Alter des zu den Liliengewächsen zählenden Baumes kann man nicht bestimmen, da er keine Jahresringe ausbildet.

Links:
Eines der schönsten Häuser von La Orotava auf Teneriffa: Die aus dem 17. Jahrhundert stammende Casa Mendez-Fonseca mit ihrem üppig bepflanzten Innenhof samt kunstvoll verzierter Holzgalerien.

Linke Seite:
Das zerklüftete Anaga-Gebirge im Norden Teneriffas ist ein Paradies für Natur- und Wanderfreunde. Einige Ortschaften sind noch heute nur über unbefestigte Schotterpisten oder zu Fuß zu erreichen.

Rechte Seite:
Das im spanischen Kolonialstil errichtete Rathaus von La Laguna auf Teneriffa ist ein typisches Beispiel für die kanarische Architektur des 17. Jahrhunderts.

Rechts:
Mit majestätischer Würde wenden die Königsstatuen an der Plaza de la Patrona de Canarias in Candelaria, einem bekannten Wallfahrtsort Teneriffas, ihren Rücken der untergehenden Sonne zu.

Rechts:
Die Plaza de la Concepción in abendlicher Stille: Ein Kontrast zum ansonsten recht lebhaften Treiben in der Universitätsstadt La Laguna auf Teneriffa.

Links oben und Mitte:
Auf dem sonntäglichen Trödelmarkt in Santa Cruz de Tenerife lässt sich noch so manches Schnäppchen machen.

Rund um den Mercado (Marktplatz) werden preiswerte Kleidung, Bücher, Haushaltswaren, Kunsthandwerk und allerlei Nippes feilgeboten.

Links unten:
Es dürfte wohl außer Frage stehen, dass sich dieser ältere Herr an einer Zigarre von den Kanari-

schen Inseln erfreut. Schon Winston Churchill ließ sich seine Zigarren von den Kanaren kommen.

Unten:
Nicht nur Studenten treffen sich am Tresen der Bar und Weinkneipe »La Oficina« in der Universitätsstadt La Laguna auf Teneriffa.

Rechts:
Das Osterfest ist der religiöse Höhepunkt auf den Kanarischen Inseln. Während der Semana Santa gibt es kaum einen Ort, in dem keine Prozession mit großen Tragealtären (»pasos«) stattfindet, wie hier in La Laguna auf Teneriffa.

Unten:
Die Karwoche beginnt auch in La Laguna am Palmsonntag mit der Segnung der Palmzweige.

Oben und links:
Mit Inbrunst und Leidenschaft engagieren sich vor allem die Mitglieder der verschiedenen Bruderschaften, die als Büßer den Tragealtären folgen. Mit ihren langen Gewändern und hohen, spitzen Kapuzen, die nur einen kleinen Sehschlitz freilassen, wirken sie geradezu unheimlich.

Links oben:
Der Mond ist näher als man denkt: Bei Vilaflor auf Teneriffa erinnern skurrile Felsen an eine Mondlandschaft (»Paisaje Lunar«). Die bis zu zehn Meter hohen Tuffsteinkegel mit ihren bizarren Formen sind einmalig auf den Kanarischen Inseln.

Links Mitte:
Dieses Haus in Arafo auf Teneriffa wird von einer üppig herangewachsenen Pracht einer Bougainvillea

geziert. Auch auf den Kanarischen Inseln liebt man den Kletterstrauch mit seinen rosavioletten Blütenständen.

Links unten:
Mit seinem an den Pyramiden von Güimar aufgestellten Schilfboot Ra II untermauerte Thor Heyerdal die These, dass die Guanchen einst mit dem Schiff von Nordafrika auf die Kanarischen Inseln kamen. Die bis zu acht Meter hohen Steinaufschichtungen hält er für eine Kultstätte der Urkanarier.

Unten:
Die Kanarischen Inseln gelten als Archipel des ewigen Frühlings. Dennoch zeigen sich die Wiesen – hier im Valle de Guera auf Teneriffa – besonders im März und April von ihrer prachtvollsten Seite.

Seite 48/49:
Sonnenuntergang im Tenno-Gebirge – weit geht der Blick über das Meer und nach Gomera.

Unten:
Puerto Naos besitzt den schönsten Sandstrand auf La Palma. Die vor einigen Jahren gepflanzten Kokospalmen sorgen für das zugehörige Südseeflair.

Rechts:
Santa Cruz de la Palma ist nicht nur die größte Stadt der Insel; sie besitzt auch eines der schönsten historischen Straßenbilder des Archipels.

Rechts:
Die Fassade des Rathauses von Santa Cruz de la Palma aus dem Jahre 1563 wird von Arkaden, Bogenfenstern und einem Habsburger Wappen verziert. Im Inneren fasziniert eine Kassettendecke im Mudéjar-Stil.

Der immergrüne Lorbeerwald Los Tilos ist der besterhaltene auf La Palma. Er wurde zum Biosphärenreservat (»Reserva de la Biosfera«) erklärt, um La Palmas einzigartige Flora und Fauna für die Nachwelt zu bewahren. Die steilen Schluchten mit ihren Farnen und Ranken bilden einen dichten, stellenweise unzugänglichen Urwald.

Unten:
Der Vulkan Teneguía auf La Palma spie 1971 23 Tage lang Lava und Asche. Heute lassen es sich Wanderer nicht nehmen, die faszinierende Mondlandschaft in Augenschein zu nehmen.

Links und oben:
Auch auf La Palma brodelte die Erde noch bis in die jüngste Vergangenheit. Der 657 Meter hohe Vulkan San Antonio verschütte bei seinem letzten Ausbruch 1677 eine berühmte Heilquelle (links). Erste Pflanzen beginnen den Lavaboden zu besiedeln (oben).

Vulkanismus – Hot spots und Feuerberge

Noch im 19. Jahrhundert kursierte die Theorie, die Kanarischen Inseln seien zusammen mit den Azoren und Madeira die letzten Überreste des versunkenen Kontinents Atlantis. Diese mythische Ableitung gilt definitiv als widerlegt, am vulkanischen Ursprung des Archipels zweifelt heute niemand mehr. Allerdings ist strittig, ob die Kanaren ihre Entstehung einem »Hot spot« wie Hawaii zu verdanken haben oder ob das Zusammendrücken der Erdkruste von Nordafrika als Ursache anzusehen ist. Auf alle Fälle bildeten sich Risse und Spalten, durch die zischendes Magma aus dem Erdmantel trat, sich zu immer höheren Schichten auftürmte und schließlich als Insel im Atlantik erstarrte. Kein Wunder, dass auf jeder der sieben Kanarischen Inseln noch immer deutliche Spuren des Vulkanismus auszumachen sind. Erstarrte Lavaflüsse, vulkanische Zylinder und Blasen, dunkle Obsidianblöcke, bizarre Kegel und Schründe sind die allgegenwärtigen Zeugnisse dieser Urgewalt. Ob die vulkanische Kraft endgültig zum Erliegen gekommen ist, weiß niemand. Der letzte Vulkanausbruch ereignete sich 1971 auf La Palma.

Fuerteventura und Lanzarote sind mit einem geschätzten Alter von knapp zwanzig Millionen Jahren die ältesten Inseln des Archipels. Der Zahn der Zeit konnte schon so lange an ihnen nagen, dass sie heute nur noch ein paar hundert Meter aus dem Meer emporragen. Erst mehrere Millionen Jahre später tauchten Gran Canaria und Teneriffa aus dem Atlantik auf. Gomera und La Palma sind schon deutlich jüngere Kreationen des Magma-Herds, während El Hierro mit einer Million Jahre gewissermaßen der »Benjamin« der kanarischen Inselgruppe ist.

Mondlandschaften und heilige Berge

Jede der Kanarischen Inseln besitzt zahllose vulkanische Hinterlassenschaften. Unübersehbar ist natürlich der schweflig dampfende Teide auf Teneriffa, ein mächtiger Krater, der neben dem Hauptschlot noch Dutzende von Nebenkratern ausgebildet hat und die »Mondlandschaft« des Nationalparks der Cañadas bildet. Schon die Altkanarier verehrten den »Pik« als heiligen Berg. Allerdings besitzt der Teide nur einen fast lächerlich kleinen Krater: keinen Schlund, sondern eine Schale, die sich sogar betreten lässt. Ganz anders die Caldera de Taburiente von La Palma – sie stellt als riesiger Erosionskrater gewissermaßen das Gegenstück zum Teide dar. Der mit mächtigen Kiefern bewachsene Kessel ist ein einzigartiges, pflanzenreiches Naturdenkmal. Und El Hierros Nordküste wird durch den Halbkrater El Golfo geprägt, der einem überdimensionalen Amphitheater ähnelt.

Das wohl eindrucksvollste Beispiel für den bis in die jüngste Vergangenheit andauernden Vulkanismus sind die in vielen Farbnuancen leuchtenden »Feuerberge« von Lanzarote. Überall sichtbar ruhen die ockerfarbenen Berge, 300 Vulkankrater an der Zahl, die das langgestreckte Eiland formten. Der letzte zerstörerische Vulkanausbruch ereignete sich am 1. September 1730 auf der Insel. Sechs Jahre lang bebte die Erde, ganze Dörfer verschwanden für immer in den Spalten der aufbrechenden Erde, andere wurden unter dem Magma begraben. Zurück blieben die Montañas del Fuego mit ihren markanten Schloten und Kratern. Beginnend mit den grünlich-weiß schimmernden Flechten, einer Symbiose aus Pilz und Algen, kehrt allmählich das Leben auf die vegetationslose Einöde zurück, doch werden wohl noch zweitausend Jahre vergehen, bis wieder Gras im »Parque Nacional de Timanfaya« wächst. An manchen Stellen ist der Boden so heiß, dass es unmöglich ist, auf der Stelle stehen zu bleiben. Anschaulich wird am Besucherzentrum des Nationalparks vorgeführt, dass die Erde noch immer glüht: Trockene Zweige entzünden sich unter der Erdoberfläche, auf dem Rost werden Fisch und Fleisch zubereitet und nur durch die aufsteigende Hitze des Vulkans gegrillt.

Links:
Auf Lanzarote wurde der vulkanische Trockenfeldanbau erfunden. Die Felder sind von einer Lapillischicht bedeckt, die Tau und Regenwasser speichert.

Oben:
Auf El Hierro lässt die Strichlava bei La Restinga die Kraft der Lavamassen noch erahnen.

Kleine Bilder rechts, von oben nach unten: *Zu den ersten Pflanzen, die nach einem Vulkanausbruch zurückkehren, gehören verschiedene Arten von Flechten.*

Bereits nach wenigen Jahrzehnten werden die Lavafelder von der Vegetation erobert, die ersten farbigen Akzente setzt hier beispielsweise die Aeoniumpflanze.

Die vulkanische Hitze ist im Timanfaya-Nationalpark auf Lanzarote noch so gewaltig, dass Reisigzweige nur wenige Zentimeter unter der Erdoberfläche in Feuer aufgehen.

Links oben:
Die Zigarrenherstellung hat auf La Palma eine lange Tradition. Noch immer werden die »Puros« von Hand gerollt.

Links Mitte:
Kolumbus machte auf seiner Fahrt über den Atlantik ein letztes Mal auf den Kanarischen Inseln Station, um seine Wasser- und Essensvorräte aufzufüllen. Im Schifffahrtsmuseum von Santa Cruz de La Palma kann man einen (Beton!-) Nachbau der berühmten Santa María bewundern.

Links unten:
Kanarische Folkloregruppen tragen traditionelle Trachten beim Fest der Mandelblüte Anfang März in Puntagorda auf La Palma.

Unten:
Von der aus dem 16. Jahrhundert stammenden Kirche San Blas in Mazo bietet sich ein schöner Blick hinunter nach Santa Cruz de La Palma. Mazo ist ein Zentrum des palmerischen Kunsthandwerks.

Seite 58/59:
Vom Mirador de las Chocas bietet sich ein atemberaubender Blick auf die Caldera de Taburiente von La Palma. Bis zu 2000 Meter ragen die Kraterwände empor.

Der mit feinem Sand durchsetzte Kiesstrand von Playa de Santiago auf Gomera liegt in der Mündungsbucht zweier Barrancos (Schluchten) und bietet viel Platz zum Sonnenbaden.

Die Fährschiffe legen traditionell am Hafen von San Sebastián an. Bis vor wenigen Jahren konnte man nur mit dem Schiff nach Gomera kommen. Doch auch nach dem Bau des Flughafens sind die Fähren das Haupttransportmittel geblieben.

Die Playa de Alojera, eine kleine Bucht mit dunklem Sandstrand, ist ein beliebtes Ausflugsziel an der steilen Nordwestküste Gomeras.

Die bunten Fischerboote sind nicht nur Zierde: Noch immer spielt der Fischfang eine wichtige Rolle im Alltag von Playa de Santiago an der Südküste Gomeras.

Unten:
Der größte Ort an der Südküste Gomeras ist Playa de Santiago, der sich aus drei Siedlungen von völlig unterschiedlichem Charakter zusammensetzt. Hinzu kommt ein Luxushotel, das idyllisch an die Klippen gebaut wurde.

Rechts oben:
Nur noch selten werden heute Esel auf Gomera, hier bei Alojera, als Transportmittel eingesetzt.

Rechts Mitte
San Sebastiáns Pfarrkirche Iglesia de la Asunción stammt aus dem 17. Jahrhundert. De Legende zufolge sol

Kolumbus 1492 an dieser Stelle auf Gomera für das gute Gelingen seiner Fahrt nach »Indien« gebetet haben.

Rechts unten: »Támaras« heißen die Büschel der kanarischen Dattelpalmen – aber auch die Palmen selbst. Die bitter schmeckenden Datteln werden ans Vieh verfüttert, die Wedel als Besen benutzt.

Links:
Lomo de Balo ist die höchstgelegene Ansiedlung des Valle Gran Rey auf Gomera, das als eines der schönsten Täler des Archipels gilt.

Unten:
Lo del Gato liegt im majestätischen Valle Gran Rey, das in den Achtzigerjahren auch von den Besuchern Gomeras entdeckt wurde.

Links:
Genau besehen handelt es sich bei dem Valle Gran Rey um eine künstliche Landschaft: In einer Jahrhunderte währenden Kraftanstrengung wurden die steilen Hänge in Terrassenfelder verwandelt, um der gefürchteten Erosion Einhalt zu gebieten.

Garajonay Nationalpark – eine Welt von zauberhafter Schönheit

Obwohl weit gereist, zeigte sich der Schriftsteller Cees Nooteboom von Gomera, einer der sieben großen Inseln des kanarischen Archipels, tief beeindruckt: »Schon gleich hinter San Sebastiàn gelangt man in eine hohe, steinige, abweisende Landschaft, in der nichts wachsen kann. Stein. Erst oben, im Nationalpark Garajonay verändert sich die Landschaft, dann aber gründlich. Häufig herrscht dort tagsüber dichter Nebel, man fährt durch ein Nibelungenland, begleitet vom Gesang der Scheibenwischer, und dann durch die schärfsten Haarnadelkurven, die man in seinem Leben gemeistert hat, auf der anderen Seite der Insel wieder nach unten, und mit einemmal, fast explosionsartig, knallt einem eine grelle Sonne ins Gesicht, und man ist in den Tropen, in einer balinesischen Landschaft mit Palmen, einer Welt von zauberhafter Schönheit.«
Beim Fischerdorf Playa de Santiago im kargen und trockenen Süden ist auch im Winter Sonne und Wärme garantiert, Kakteen, Agaven und das Wolfsmilchgewächs Tabaiba säumen die Straßen. Doch je höher sich die Serpentinen auf dem Weg ins Inselinnere emporschlängeln, desto grüner und dichter wird die Vegetation, die kanarische Weide sowie Geißblatt- und Kreuzdorngewächse machen sich breit. Die Krönung ist ein immergrüner Lorbeerwald, der Bosque del Cedro. Der Name dieses vom Passat genährten subtropischen Urwalds erscheint heute allerdings irreführend, denn aufgrund eines jahrhundertelangen Raubbaus gibt es auf Gomera nur noch sehr geringe Zedernbestände.

Wenn Bäume Wolken melken

Wichtigste Voraussetzung für die Pflanzenvielfalt ist der hohe Niederschlag. Die Passatwolken, die über Lanzarote und Fuerteventura hinweggezogen sind, regnen sich an den knapp 1500 Meter hohen Berghängen zwar nur selten ab, dafür »melken« die Lorbeergehölze und Heidebäume die wabernden Wolken. Der Dunst schlägt sich an den Blättern nieder und träufelt zu Boden. Ein einziger Lorbeerbaum entzieht den Wolken jährlich mehr als 2500 Liter Kondenswasser! Botaniker schätzen, dass dieser indirekte Niederschlag den direkten stellenweise um das Zwanzigfache übertrifft.
Die Natur bedankt sich auf ihre Weise für das lebensspendende Nass: Dem Wanderer erschließt sich eine geradezu prähistorisch anmutende Landschaft mit Pflanzen und Bäumen, die im Tertiär noch in der heutigen Mittelmeerregion beheimatet waren. Im Unterholz wachsen mannshohe Farne, die dicken Stämme sind moosbedeckt und von den Ästen des Erikabaums hängen lange Flechtenbärte herab; stellenweise ist die Vegetation beinahe undurchdringlich, die Bäume scheinen mit den feuchten Zweigen um sich zu schlagen. Wolken ziehen wie Wattebäusche durch die knorrigen verschlungenen Äste und sorgen für ein faszinierendes Spiel von Licht und Schatten. Wenn die Nebelschwaden allerdings zu dicht sind, sieht man sprichwörtlich die Hand vor Augen nicht – eine gespenstische Szenerie.
Um die einzigartige Vegetation des Lorbeerwaldes für die Nachwelt zu erhalten, wurde das zentrale Hochland von Gomera 1981 zum Nationalpark erklärt und nach dem höchsten Berg, dem Garajonay benannt; seither steht ein Drittel der Inselfläche unter Naturschutz. Und dies ist auch gut so, gibt es auf Gomera doch mehr als 3000 verschiedene Pflanzenarten, von denen 42 endemisch sind, das heißt, nirgendwo sonst auf der Welt vorkommen, beispielsweise die Lorbeergewächse der Arten »Laurisilva canaria«, »Laurus azorica« sowie »Persea indica«. Gomeras faszinierendes Naturdenkmal wurde im Jahre 1986 in den »Olymp« erhoben, als die UNESCO den Regenwald in die Liste der Weltkulturerbegüter aufnahm.

Links:
Im Bosque del Cedro, dem Lorbeerwald des Nationalparks Garajonay auf Gomera, beeindrucken uralte, bemooste Bäume im Nebel.

Oben:
Grün, feucht und dampfend: Die einzigartige subtropische Pflanzenwelt Gomeras ist ein »Relikt« aus beinahe prähistorischer Vergangenheit, bewahrt im Nationalpark Garajonay.

Kleine Bilder rechts, von oben nach unten:
Garajonay ist einer von vier Nationalparks auf den Kanaren, die erst 1989 durch das Gesetz über die kanarischen Naturschutzgebiete offiziell ausgewiesen wurden.

Seine Feuchtigkeit zieht der Nebelwald des Garajonay Nationalparks aus den Wolken, die an den Nordhängen des Gebirges aufsteigen.

Nicht nur Bäume sind »Wohnstatt« des immergrünen Mooses, auch Steine werden überwuchert.

Unten:
Hotel Punta Grande in Las Puntas: Vier Zimmer und ein tosender Atlantik. Einsamer und spektakulärer kann man auf El Hierro nicht wohnen.

Rechts:
Das Parademotiv von El Hierro ist der Glockenturm der Pfarrkirche von Frontera vor der wilden Felswand von El Golfo, die über der halbkreisförmigen Bucht aufsteigt.

Unten:
Auf El Hierro keltert fast jeder kleine Bauer seinen Wein selbst, so auch Eladio Acosta in Los Llanillos, hier in seinem Weinkeller.

Rechts oben:
Auch José Panchillo in El Pinar produziert seinen eigenen Wein, der im Freundes- und Familienkreis verkostet wird.

Rechts Mitte:
Ein kleiner Plausch am Hafen von La Restinga, einem kleinen Fischerort im äußersten Süden von El Hierro, der bei Sporttauchern hoch im Kurs steht.

Rechts unten:
Eine Gofio-Mühle in El Pinar auf El Hierro. Gofio ist eine kanarische Nationalspeise, die aus geröstetem Mais, Gerste und Weizen hergestellt wird. Für viele Canarios ist der preiswerte Gofio noch immer eine Grundlage der alltäglichen Ernährung. Kleinkindern beispielsweise wird Gofio in die Milch gerührt.

Mit ungebremstem Elan trifft die Brandung des Atlantiks auf die Lavafelsen an der Punta de Gutiérrez auf El Hierro.

Vom 1254 Meter hohen Mirador de Jinama auf El Hierro bietet sich ein eindrucksvoller Panoramablick hinunter auf El Golfo, dem riesigen Rand eines im Meer versunkenen Kraters. Der steilwandige sichelförmige Bogen erstreckt sich über 25 Kilometer lang.

Unten:
Eine gute Möglichkeit, die kargen Böden zu nutzen, sind Schafe. Dennoch spielt die Schafzucht auf El Hierro nur eine untergeordnete Rolle. Nur selten trifft man bei Wanderungen auf eine Schafherde wie hier bei San Andrés.

Rechts oben:
Er wurde von der steten Kraft des Windes skurri verformt: Der berühmte Wacholderbaum »El Sabinar« ist das Wahrzeichen von El Hierro.

Rechts Mitte:
Die Quelle am heiligen Baum »El Garoé« liegt bei Tiñor auf El Hierro. Der Überlieferung zufolge spendete der seit dem 17. Jahrhundert nicht mehr existierende Baum täglich mehrere hundert Liter Wasser, die er aus den Passatwolken kondensierte.

Rechts unten:
In den unzugänglichen Felswänden der Insel lebt die El-Hierro-Rieseneidechse. Das vom Aussterben bedrohte Reptil kann bis zu einem Meter groß werden.

Unten:
Die Pfarrkirche von Valverde auf El Hierro wurde in der zweiten Hälfte des 18. Jahrhunderts errichtet. Wie bei so vielen kanarischen Sakralbauten ist auch in der Kirche Nuestra Señora de la Concepción der andalusische Einfluss am Grundriss und der Deckenkonstruktion ersichtlich.

Alle vier Jahre findet auf El Hierro die »Bajada de la Virgen de los Reyes« statt, ein Fest zu Ehren der Schutzheiligen der Insel. In einer feierlichen Prozession wird die Marienfigur von ihrer Kapelle Santuario de Nuestra Señora de los Reyes 28 Kilometer weit nach Valverde getragen. Das Ereignis wird vier Wochen lang mit Musik und Tanz gefeiert.

In der Nähe von Frontera bietet das Museumsdorf »Ecomuseo de Guinea« Einblicke in die ländliche Vergangenheit El Hierros.

Miniaturkontinent Gran Canaria, karges Fuerteventura und Lanzarote

Der Puerto de Mogán ist ein beliebtes Ausflugsziel auf Gran Canaria. In den zahlreichen Restaurants kommen die Meeresfrüchte fangfrisch auf den Tisch. Direkt neben dem alten Fischerhafen wurde ein neuer Yachthafen angelegt.

Gran Canaria ist ein kleiner Miniaturkontinent, der speichenförmig von tiefen Schluchten zerfurcht wird. Subtropische blühende Täler kontrastieren mit Dünenstränden und Kiefernwäldern. Reizvoll ist die zerklüftete Bergwelt um den 1949 Meter hohen Pico de las Nieves sowie die großen Stauseen im Hochland um Los Cercados und Cruz de San Antonio, die auf ausgewaschenen Pfaden erkundet werden können. Die beliebtesten Plätze sind die Strände von Playa del Inglés und das an der Südküste gelegene Maspalomas mit seinen berühmten Wanderdünen. Die Inselkapitale Las Palmas präsentiert sich als lebendige und attraktive Großstadt, in der man winkelige Gassen, alte Häuser, Museen und Kunstgalerien entdecken kann.

Fuerteventura, die zweitgrößte kanarische Insel, begeistert durch seine Kargheit: Hier leben mehr Ziegen als Menschen. Grüne Hügel sucht man allerdings vergebens, aus den Ebenen ragen nur ein paar verwitterte Krater empor. Dies war nicht immer so: Die vorhandenen Wälder wurden von den Spaniern rigoros abgeholzt. Doch das große Kapital der Insel sind die kilometerlangen Sandstrände und der Wind, der Surfer aus der ganzen Welt anlockt.

Nicht saharagelb, sondern schwarz ist die vorherrschende Farbe auf der Nachbarinsel Lanzarote. An manchen Stellen, wie im Nationalpark Timanfaya, sieht die Erde aus, als hätte der Teufel persönlich den Teig angerührt. Lanzarote ist kein liebliches Eiland. Die sperrige, karge Schönheit der Insel erschließt sich entweder im ersten Augenblick oder sie wird einen niemals begeistern. Auch in dieser Hinsicht ist Lanzarote eine Insel der Extreme.

Links:
Die herrlichen meterhohen Wanderdünen von Maspalomas sind längst zum Naturreservat erklärt worden. Je nach Stand der Sonne bilden die Kämme der feinsandigen Dünen ein faszinierendes Spiel aus Licht und Schatten. Der Sand wurde übrigens nicht aus der Sahara angeweht, sondern stammt aus dem Meer.

Ganz oben:
Playa del Inglés bildet zusammen mit Maspalomas und San Augustín die berühmte Costa Canaria von Gran Canaria. Das große Kapital der Region sind die ausgedehnten Sandstrände.

Oben:
Hinter Dünen erstreckt sich die Lagune von Maspalomas mit einem an eine Oase erinnernden Palmenhain.

Unten:
Die Nordwestküste von Gran Canaria ist nur schwer zugänglich und daher spärlich besiedelt. Doch entlang einer Panoramastraße – hier bei Anden Verde – bieten sich zahlreiche unvergessliche Ausblicke auf das Meer und die Küste. Am Mirador del Balcón stürzen schwarze Vulkanketten in den Atlantik.

Rechts:
Puerto Rico mit seinem goldgelben Sandstrand und dem neu erbauten Yachthafen ist ein beliebter Ferienort im Süden der Insel. Angeblich findet man hier das sonnigste Wetter Gran Canarias.

Seite 86/87:
Agüimes im Osten von Gran Canaria wird beherrscht vom doppeltürmigen Kirchenbau der Iglesia de San Sebastián. Das Gotteshaus ist in neoklassizistischem Stil gehalten und überragt die Altstadt.

Die »Kathedrale« von Arucas auf Gran Canaria wurde aus dunklem Basaltstein errichtet, der in den berühmten, unweit Arucas' gelegenen Steinbrüchen gewonnen wird. Sie gilt als das schönste neugotische Gotteshaus in Spanien. Da stört es auch nicht, dass die Iglesia de San Juan Bautista nur eine einfache Pfarr- und keine Bischofskirche ist.

Las Palmas de Gran Canaria besitzt mehrere sehenswerte Gartenanlagen wie den Parque San Telmo. Ein verträumtes Café lässt die Hektik des Alltags vergessen.

In der Altstadt von Las Palmas de Gran Canaria gibt es zahlreiche wunderschöne Innenhöfe, die von ihren Besitzern mit einem üppigen Blumendekor verziert werden.

Die stattliche Casa de Colón, das Kolumbus-Haus, befindet sich ebenfalls im Herzen der Altstadt von Las Palmas de Gran Canaria. Besonders eindrucksvoll ist das schmucke Segmentbogenportal, das von ornamentierten und mit Plastiken besetzten Pilastern eingefasst ist. Das Haus birgt Nachbildungen nautischer Instrumente des 16. Jahrhunderts sowie Modelle der drei Schiffe, mit denen der Entdecker 1492 nach Amerika gesegelt war.

Unten:
Bei dem Dorffest (»Romería«) von Santa Lucia auf Gran Canaria sind auf den Straßen die historischen Trachten der Kanarischen Inseln zu sehen.

Seite 92/93:
Der Botanische Garten (Huerta de las Flores) in Agaete (Gran Canaria), der zunächst in Privatbesitz war, lohnt einen Besuch. Auch der Dichter Tomás Morales (1885–1921) soll sich gern hier aufgehalten haben.

Rechts oben:
Bunte Trachten und viel Musik gehören auch zur Wallfahrt der »Virgen del Pino« in Teror.

Rechts Mitte:
Wie in allen traditionsgeprägten südlichen Ländern tragen auch auf Gran Canaria noch viele ältere Frauen nach dem Tod ihres Gatten für immer Schwarz.

Rechts unten:
Kanarische Folkloregruppen tanzen beim Fest der Mandelblüte in Tejeda, einem kleinen Dorf im zentralen Bergland Gran Canarias.

Karneval – das grösste Fest des Jahres

Der Karneval ist wie ein Virus, das jedes Jahr die Kanarischen Inseln befällt und niemanden ungeschoren davonkommen lässt. Vor allem die Hauptstadt Santa Cruz de Tenerife ertrinkt mehr als zwei Wochen lang in einem fiebrigen Meer aus Farben und Musik. Salsa, Samba und Rumba geben den Takt vor, doch auch Conga-, Habanera- und Merengue-Rhythmen sind in den Straßen zu hören. Wie in einem kollektiven Rausch geben sich die Tinerfeños dem fulminanten Treiben bis in die frühen Morgenstunden hinein hin. Selbst während Francos Diktatur, als in Spanien sämtliche karnevalistischen Vergnügungen offiziell verboten waren, ließen sich die Menschen auf den Kanarischen Inseln nicht von ihren traditionsreichen Karnevalsfeiern abhalten, die nur noch vom Karneval in Rio in den Schatten gestellt werden.

Jedes Jahr steht das Spektakel unter einem anderen Motto, beispielsweise konnte man rollende Pyramiden bei »Ägypten« oder ganze Clownschulen bei dem Thema »Zirkus« bewundern. Auch an vielen Nebenschauplätzen wird wochenlang gefeiert: Für die Kleinsten gibt es einen Kinderkarneval, während an zahllosen Straßenecken die »Murgas« – Musikgruppen, die sich aus fünfzehn bis zwanzig Leuten zusammensetzen – Spottlieder auf die Obrigkeit zum Besten geben und aktuelle Ereignisse zynisch kommentieren. Monatelang wurde geübt und an den perfekten Kostümen geschneidert, denn nur wer sich bei den Vorausscheidungen qualifizieren kann, darf bei den Umzügen in vorderster Reihe marschieren.

»La Reina« – die Karnevalskönigin

Erwartungsvoll wird dem Rosenmontag entgegengefiebert, wenn »La Reina«, die Karnevalskönigin, gewählt wird. Auf der Galaveranstaltung in dem vom Stararchitekten Santiago Calatrava entworfenen Auditorium präsentieren sich rund dreißig Kandidatinnen. Bis zu 15 000 Euro hat so manches Fantasiekostüm gekostet, doch darf dem jeweiligen Sponsor nichts zu teuer sein, will er, dass seine Favoritin zur Karnevalskönigin gekrönt wird. Was für die Zuschauer ein Vergnügen, ist für die Teilnehmerinnen oft stundenlange Schwerstarbeit, denn die Kostüme sind ein zentnerschweres Konstrukt aus Stoffen, bunten Perlen und exotischen Blumen. Die originellen Kreationen besitzen fantasievolle Namen: »Sprudelndes Leben«, »Pfad der Freiheit« oder »Hurrikan«. Die einzige Auflage: Die Anwärterinnen müssen mit ihrem Kostüm alleine, also ohne fremde Hilfe, auf die Bühne gehen können.

Der eigentliche Höhepunkt ist der kilometerlange Umzug am Karnevalsdienstag, der von der tags zuvor gekürten Karnevalskönigin angeführt wird; dahinter reihen sich die Prinzessinnen samt Hofstaat in prunkvoll geschmückten Wagen. Mehr als hunderttausend Zuschauer säumen die Uferpromenade bei der großen Schlussparade. Die Avenida de Anaga verwandelt sich in ein grandioses Kostümfest, dessen Akteure teilweise mit einem meterhohen, straußen- und pfauenfedernbesetzten Kopfputz vorbeistolzieren. Tanzgruppen und Musiker dürfen selbstverständlich nicht fehlen; darunter mischen sich Männer mit falschem Busen und hochhackigen Schuhen sowie Mädchen mit kaum verhüllenden glitzernden Tangas. Erotische Traumgestalten, die mit ihrer offen zur Schau gestellten Frivolität das Publikum begeistern.

Am Aschermittwoch finden sich die Karnevalisten auf der Plaza de España zu einem letzten Ereignis zusammen: Unter großer Anteilnahme wird die »Beerdigung der Sardine« begangen. Ein skurriler Trauerzug mit »Nonnen« und »Kardinälen« stößt Schmerzensschreie und Wehklagen aus und nimmt Abschied von den Tagen der zügellosen Ausschweifung. Das Anzünden eines überdimensionalen Pappmaché-Fisches markiert das offizielle Ende der fetten Tage. Doch bevor endgültig die Fastenzeit beginnt, tanzen die Tinerfeños noch ein paar Tage lang mit ungebrochenem Elan weiter …

Links:
Das Thermometer zeigt an die 20 Grad Celsius. Heiße Samba und Salsa durchfluten die Nacht in Teneriffas Hauptstadt Santa Cruz. Lateinamerikanisches Karnevalstreiben auf den Straßen sorgt dafür, dass der Karneval auf den Kanaren zu den berühmtesten in ganz Spanien gehört.

Oben:
In fantasievollen Kostümen mit meterhohem Kopfputz streiten sich die Inselschönheiten auf der Gala in Santa Cruz de Tenerife jedes Jahr um den Titel der Karnevalskönigin.

Kleine Bilder rechts, von oben nach unten:
Ausgelassen geht es auf den Straßenumzügen in Santa Cruz de Tenerife zu – Karneval ist das wichtigste Fest der Kanaren.

Man sollte genau hinsehen, ob es sich auch wirklich um ein weibliches Wesen handelt, da sich zahllose Drag Queens an den illustren Darbietungen des Karnevals beteiligen.

Einen letzten spektakulären Höhepunkt des bunten Treibens markiert die »Beerdigung der Sardine«, die hier in Agaete feierlich inszeniert wird.

Seite 96/97:
Der Roque Bentaiga und der Roque Nublo sind zwei markante Felsmonolithen, die der Erosion bis heute trotzen konnten. Der Roque Nublo (Wolkenfels) ist das am meisten fotografierte Wahrzeichen Gran Canarias und wird sogar in Volksliedern besungen. Wenn die Passatwolken über die Insel ziehen, ragt der Felsen gespenstisch aus dem Wolkenmeer empor.

Unten:
Die Mandelblüte gehört zu den schönsten Jahreszeiten – hier in Artenara, dem mit 1270 Metern höchstgelegenen Ort Gran Canarias.

Rechts oben:
Die Paradiesvogelblume (Strelitzia reginae) ist die bekannteste Zierpflanze des Archipels. Sie gehört zur Gattung der Bananengewächse und kann bis zu eineinhalb Meter groß werden.

Rechts Mitte:
Das saftig grün leuchtende Aeonium setzt optische Fixpunkte im kargen Fels. Die rosettenförmige Pflanze wächst selbst auf nährstoffarmen Böden.

Rechts unten:
Süße, schwer zu erntende Kostbarkeiten: Kaktusfrüchte auf Gran Canaria. Genau genommen ist der Feigenkaktus ein Immigrant: Er wurde erst im 16. Jahrhundert auf den Kanaren eingeführt.

Unten:
Höhlenwohnungen – wie hier bei Caideros auf Gran Canaria – sind noch eindrucksvolle Zeugnisse einer archaischen Welt vor der Eroberung durch die Spanier.

Rechts:
In Tejeda, einem kleinen Ort im Zentrum der Berge Gran Canarias, ist die bäuerliche Vergangenheit durchaus lebendig: Hier werden noch Esel als Transportmittel eingesetzt.

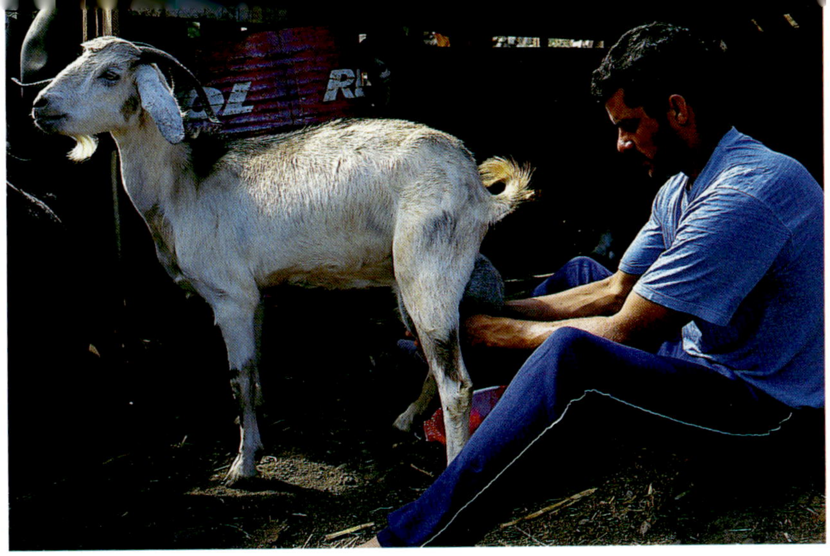

Rechts:
Die Ziegenwirtschaft gehört noch immer zum alltäglichen Erscheinungsbild von Gran Canaria.

Unten:
Um sich im unwegsamen Gelände Gran Canarias besser fortbewegen zu können, verlassen sich die Viehhirten gerne auf den kanarischen Hirtenstab.

Ganz unten:
Die Produktion von Ziegenkäse ist für viele Bauern in den bergigen Regionen ein wichtiger Erwerbszweig geworden. Sein Geschmack verändert sich je nach Art und Reifegrad.

Linke Seite:
In Sichtweite von Tejeda kratzt der magische Roque Bentayga mit knapp über 1400 Metern am Himmel. Die Gegend ist in ein weites vulkanisches Becken eingefasst. In und um das Örtchen bewegt man sich auf dem Dach der Insel – und das nur 45 Kilometer von der Hauptstadt Las Palmas entfernt.

Ein Tor in die südliche Bergwelt bildet Fataga, ein geruhsamer Ort im Barranco de Fataga. Diese Schlucht zählt zu den schönsten auf Gran Canaria.

Jedes Jahr Anfang September feiert man in La Aldea de San Nicolás auf Gran Canaria das Fest des Teiches (»El Charco«), das auch Schlammfest genannt wird. In voller Bekleidung begeben sich Hunderte von Personen auf einen Böllerschuss hin ins Wasser und versuchen einen Fisch zu fangen. Für alle Teilnehmer ist das Fest in erster Linie ein amüsantes Spektakel: Die gemeine Meeräsche darf beim El Charco nur mit bloßen Händen oder einem Korb, nicht aber mit einem Netz oder anderen Fanggutensilien gefischt werden.

Fuerteventura besitzt die schönsten Strände des Archipels, hier bei dem kleinen Ort La Pared. Fuerteventura ist die zweitgrößte Insel der Kanaren, aber nach El Hierro die am dünnsten besiedelte. Sie wirkt mit herben, steppenartigen Landschaften wie eine Vorhut Afrikas, aus dem der Wind den Sand herüberträgt.

Links:
Das Informationszentrum, Centro de Artesanía Molino, ist in Antigua in einer traditionellen Getreidemühle untergebracht, die man aus Zentralspanien kennt.

Unten:
Las Playitas ist ein malerischer Fischerort an der Ostküste von Fuerteventura. Eng drängen sich die weißen Kuben der Häuser einen Hügel hinauf.

Links:
Der Blickfang des kleinen Dorfes Agua de Bueyes auf Fuerteventura – übersetzt Ochsenwasser – ist eine Kirche, die von einer steinernen Mauer umgrenzt wird.

Unten:
Einen der schönsten Sandstrände Fuerteventuras, die Playa de Satovento, findet man auf der Halbinsel Jandía, wo der weiße Sand mit dem türkisblauen Meer kontrastiert.

Rechts oben:
Der Club Aldiana an der Playa Las Gaviotas auf der Halbinsel Jandía ist ein wahres Paradies für Wassersportler. Dank des beständig wehenden Nordostpassats ist vom Speedsurfen bis zur Segeltour alles möglich.

Rechts Mitte:
Einen schönen Hafen besitzt Caleta de Fuste auf Fuerteventura. Der Ort wird wegen seines aus dem 18. Jahrhundert stammenden Festungsturms auch El Castillo genannt.

Rechts unten:
Man kann die kilometerlangen Sandstrände auch auf dem Pferderücken genießen. An den schier unendlichen Stränden Fuerteventuras hat das Meer etwas Beruhigendes, fast Betäubendes.

Rechts:
Bei Las Playitas dominiert mit dem Faro de la Entallada ein markanter Leuchtturm die Küste Fuerteventuras.

Oben und ganz oben:
Das am Nordzipfel von Fuerteventura gelegene Corralejo ist das größte Ferienzentrum der Insel. Dementsprechend lebhaft geht es abends auf der zentralen Plaza mit ihren Cafés und Kneipen zu. Restaurants wie das El Sombrero (ganz oben) runden das Nightlife-Erlebnis kulinarisch ab.

Unten:
Der markante 400 Meter hoch aufragende Montaña Tindaya gilt als der Heilige Berg der Ureinwohner Fuerteventuras. Archäologen haben im Gipfelbereich rund 200 Felsritzungen entdeckt, deren rätselhafte Symbolsprache noch ungeklärt ist.

Rechts:
Das Jandía-Wolfsmilchgewächs ist endemisch, das heißt, die Pflanze wächst nur auf Fuerteventura. Die kaktusartigen Gewächse produzieren einen milchigen Saft, von dem sich auch der Name ableitet. Typisch für die Gattung ist, dass die Blüte einen Hüllbecher ausbildet.

Rechts:
Die Palmenhaine auf Fuerteventura wie hier bei Ajuy erinnern an nordafrikanische Oasen. Eine Wohltat für Augen und Seele.

Seite 116/117:
Das einstige Wohnhaus von César Manrique in Tahiche bewahrt heute mit der Fundación César Manrique das Andenken an den großen kanarischen Künstler.

Maler, Bildhauer, Designer und vieles mehr – César Manrique

Lanzarote ist die vulkanisch-ökologische Musterinsel des Archipels. Und dies ist nicht zuletzt einem Mann zu verdanken: César Manrique. Manrique war Maler, Bildhauer, Designer, Architekt, Denkmalpfleger und Ökologe und zeitlebens tief besorgt um die kulturellen Werte seiner Heimatinsel. Lanzarote, dieses Paradies unter ewiger Sonne, sollte vor Zersiedlung und Bausünden bewahrt bleiben und in ein »Gesamtkunstwerk« verwandelt werden, worunter Manrique eine intakte Lebensgemeinschaft zwischen Mensch und Natur verstand.

Der 1919 in Arrecife geborene Manrique studierte anfangs Architektur in Teneriffa, bevor er in Madrid zur abstrakten Malerei fand und eine Galerie eröffnete. In den Sechzigerjahren gelang Manrique mit seinen Bildern der internationale Durchbruch, eine Zeit lang lebte er in New York, wo er unter anderem Andy Warhol kennen lernte. Als knapp Fünfzigjähriger kehrte er 1968 auf seine Heimatinsel Lanzarote zurück, um die Insel »in einen der schönsten Plätze der Welt zu verwandeln«.

Manrique war kein Feind des Tourismus, wusste er doch, dass sich seine Landsleute dadurch eine ersprießliche Einnahmequelle sichern konnten. Zusammen mit seinem Freund José Ramírez Cerdà, dem Präsidenten des Inselparlamentes, wollte er aber den Besucherstrom in feste Bahnen lenken und eine Bauweise fördern, die sich der traditionellen Architektur verpflichtet fühlt. Neben einem Gesamtbebauungsplan setzte er ein Reklameverbot im öffentlichen Raum durch und verhinderte, dass Überspannleitungen mit Masten und Drähten die Landschaft verschandeln. Aus ästhetischen Gründen beharrte er darauf, dass alle Häuser weiß gestrichen sein sollten, die Fensterläden und Türen in leuchtendem Dunkelgrün. Diese Farbgebung ist bis heute ein wesentlicher Bestandteil der Inselarchitektur. Doch letztlich war Manriques Kampf vergebens, und die Baulöwen und Spekulanten obsiegten: Immer tiefer schieben die sogenannten Urbanisationen ihre Betonwucherungen von der Küste in das Landesinnere vor. Auch wenn Lanzarote von den Bausünden, wie sie auf anderen Inseln vorkommen, verschont blieb, unbebaute Ebenen lassen sich kaum mehr finden.

Von der Harmonie zwischen Malerei, Bildhauerei und den Räumen der Natur

Manrique, der 1992 an den Folgen eines Autounfalls starb, hat seine künstlerische Arbeit als einen Versuch verstanden, »eine Harmonie zwischen Formen und Ideen der Malerei, der Bildhauerei und den Räumen der Natur zu erreichen«. Zu Manriques eindrucksvollsten Werken zählt der »Jameos del Agua«, eine Vulkangrotte, die einst als Abfallgrube herhalten musste. Manrique hat das Gewölbe mit unterirdischem See in eine künstliche Erlebniswelt verwandelt, die Tag für Tag von einer Sphärenmusik beschallt wird. Am anderen Ende der Grotte wird der Besucher vom Kontrast eines grellweiß gestrichenen Beckens geblendet, das türkis schimmernde Wasser des Pools wirkt wie eingefärbt.

Einen verlassenen Steinbruch in der Nähe der Opuntienfelder des Inselordens verwandelte Manrique in einen riesigen Kakteengarten mit 16 000 mehr oder weniger stacheligen Sukkulenten. Auf der Suche nach dem geeigneten Ort für ein anspruchsvolles Kunstmuseum erinnerte sich Manrique an die wuchtigen Gemäuer der Festung Castillo de San José in Arrecife. Nach einem behutsamen Umbau sind heute Bilder der spanischen und kanarischen Moderne sowie einige Werke von César Manrique hinter den Schießscharten ausgestellt. Zu besichtigen ist auch Manriques ehemaliges Wohnhaus samt wertvoller Privatsammlung und Kakteengarten, den der Meister mit einem bunten Mosaik umrahmt hat. Den schönsten Panoramablick der Insel bietet Manriques »Mirador del Río«, ein Restaurant, das nahezu unsichtbar in die zerklüftete Felswand des Nordkaps eingepasst wurde und durch dessen Fensterfront sich der Blick direkt auf die kleine Nachbarinsel La Graciosa richtet.

Links: *Von dem berühmten Aussichtspunkt Mirador del Rio blickt man bis zur kleinsten Kanareninsel La Graciosa. Hinter der Glasscheibe befindet sich ein von dem Architekten Manrique perfekt in die Natur eingepasstes Restaurant.*

Oben und rechts Mitte:
Auch der Jameos del Agua wurde von Manrique gestaltet und gehört zu dem gleichen Lavatunnel wie die Cueva de los Verdes. Ein größerer Kontrast als zwischen dem dunklen Gewölbe der Jameos del Agua und dem türkisfarbenen geschwungenen Pool, der von weiß gekalkten Wegen eingerahmt wird, lässt sich nur schwer vorstellen.

Rechts oben:
Als 15 Meter hohe Skulptur schuf César Manrique ein Denkmal zu Ehren der hart arbeitenden Landarbeiter. Das Material des Monumento al Campesino sind Wasserfässer abgewrackter Seeschiffe.

Rechts:
Mit der Cueva de los Verdes hat Manrique eine Lavahöhle in ein begehbares Kunstwerk verwandelt, das zu einem Höhepunkt des Inselaufenthaltes auf Lanzarote gehört.

Links:
Lanzarotes Bauern machten aus ihrer Not eine Tugend: Sie gruben bis zu zwei Meter tiefe, runde oder halbkreisförmige Vertiefungen, legten den fruchtbaren Boden frei und bedeckten ihn mit kleinen Lavasteinchen, sogenannten Lapilli. Rund um das Dorf La Geria entstand dadurch ein unvergleichliches Weinbaugebiet, das Augen und Geschmacksnerven gleichermaßen zu betören weiß.

Unten:
Die zehn Zentimeter tiefe Lapillischicht vollbringt wahre Wunder: Sie absorbiert die nächtliche Feuchtigkeit und mindert die Verdunstung, sodass in der an sich staubtrockenen Region Lanzarotes bei Haría Feigen und Zwiebel gedeihen.

Oben:
Neben dem schwarzen Lavafeld bei Orzola auf Lanzarote blenden die Sanddünen geradezu mit ihrem strahlenden Weiß.

Seite 122/123:
Nur die in allen Erdfarben schimmernden Feuerberge (Montañas del Fuego), wie die bizarren Vulkane genannt werden, ragen aus dem Lavameer des Timanfaya-Nationalparks auf Lanzarote empor. Die Farbnuancen der Hänge leuchten je nach Sonnenstand rostrot und ockerfarben, dann wieder kupferbraun, andernorts herrschen violette oder hellgraue Töne vor.

Unten und ganz unten:
Der Ackerbau auf den Lavaböden Lanzarotes wird noch sehr traditionell betrieben. Beim Pflügen mit dem Esel ist genauso wie bei der Zwiebelernte »Handarbeit« noch unerlässlich.

Rechts:
Das Tabayesco-Tal zwischen Haría und Arrieta mit dem Vulkan Monte Corona ist das steilste und reizvollste Tal Lanzarotes. Auf den Terrassenfeldern gedeihen Feigen, Kartoffeln, Zwiebeln und Paprika.

Unten:
Uga – das ist Afrika auf Lanzarote: In einer weiten Senke gelegen, erinnert der Ort mit seinen schlanken Palmen und weißen Würfelhäusern an eine Oasenstadt in der Wüste.

Rechts oben:
Haría gilt als der schönste Ort im Norden Lanzarotes. Der Blickfang auf der zentralen Plaza de la Constitución ist das klassizistische Rathaus.

Rechts Mitte:
Die Kirche von Femés, Ermita de San Marcial de Rubicón, stammt aus dem 18. Jahrhundert. Die meisten Besucher kommen jedoch nicht

wegen des kleinen Gotteshauses, sondern wegen des überwältigenden Panoramablicks, der bis nach Fuerteventura reicht.

Rechts unten:
Sehr großzügig bemessen ist der Dorfplatz, die Plaza de los Remedios, in Yaíza. Dort gewinnt man einen Eindruck von der traditionellen Inselarchitektur Lanzarotes. Das grelle Weiß der Häuser wird durch Grün in allen Schattierungen gedämpft.

Unten:
El Golfo: Die farbenprächtig schillernde Lagune eines Halbkraters zählt zu den großen Attraktionen an der Westküste Lanzarotes. Der salzhaltige halbmondförmige See wird durch einsickerndes Meerwasser vor dem Austrocknen bewahrt.

Die Papagayostrände, Sandstrände in schönen Buchten, sind beliebte Ziele im Süden Lanzarotes, obwohl sie nur über eine Schotterpiste zu erreichen sind.

Die Playa Mujeres bei Playa Blanca auf Lanzarote lockt mit goldgelbem Sand und glasklarem Wasser; auch sie ist nur über unasphaltierte Straßen erreichbar.

Unten und ganz unten:
Die Frauen in Caleta del Sebo auf La Graciosa hüten noch in traditioneller Weise das Haus und kümmern sich um die Wäsche, während ein alter Fischer seinen Feierabend gemütlich ausklingen lässt.

Rechts:
Auf dem kleinen Eiland La Graciosa ist der Fischfang noch immer die Haupterwerbsquelle. In dem Hafenort Caleta del Sebo werden die Boote überholt, damit sie beim nächsten Fang wieder auslaufen können.

Links und ganz links:
Die Fischer von Caleta del Sebo auf La Graciosa haben auch ihre Häuser mit der zugehörigen Symbolik versehen und geschmückt.

Seite 132/133
Die Famara-Berge im Nordwesten Lanzarotes sind mit knapp über 600 Metern die höchste Erhebung der Insel. Besonders eindrucksvoll bricht der Bergrücken zum Meer hin ab, wie diese Perspektive von La Graciosa aus zeigt.

Benji 400

Register

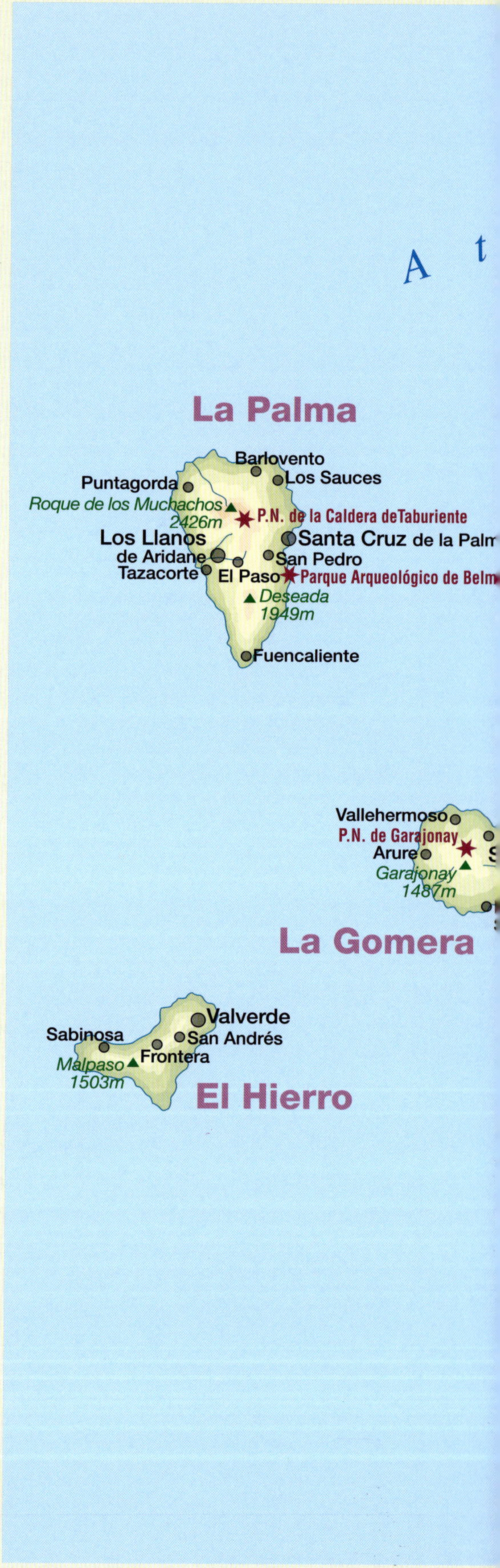

A t
La Palma
Barlovento
Los Sauces
Puntagorda
Roque de los Muchachos
2426m
P.N. de la Caldera deTaburiente
Los Llanos
de Aridane
Tazacorte
Santa Cruz de la Palm
San Pedro
El Paso
Parque Arqueológico de Belm
Deseada
1949m
Fuencaliente
Vallehermoso
P.N. de Garajonay
Arure
Garajonay
1487m
La Gomera
Valverde
Sabinosa
San Andrés
Frontera
Malpaso
1503m
El Hierro

Atlantischer Ozean
Alegranza
La Graciosa
Orzola
Malpais de la Corona
Cueva de los Verdes
Lanzarote
La Santa
Arrieta
Teguise
San Barto-lomé
Guanapay
P.N. de Timanfaya
Costa Teguise
Yaiza
Tias
Arrecife
Playa Blanca
Puerto del Carmen
Los Lobos
Corralejo
Cotillo
P.N. de las Dunas de Corralejo
La Oliva
Fuerteventura
Tetir
Puerto del Rosario
Betancuria
Antigua
Pájara
Tuineje
Tarajalejo
Gran Tarajal
P.N. de Jandía
Costa Calma
Macizo de Jandía
Morro Jable
Teneriffa
Bajamar
Tejina
Anaga
Tacoronte
La Laguna
Santa Cruz de Tenerife
Puerto de la Cruz
Loro Parque
La Orotava
Garachico
Icod
Los Realejos
Candelaria
P.N. del Teide
Güimar
Pico del Teide 3718m
Fasnia
Guajara 2715m
Guía de Isora
Adeje
Granadilla
Playa de las Américas
San Miguel
El Médano
Los Cristianos
Las Galletas
Las Palmas de Gran Canaria
Gáldar
Arucas
Agaete
Tafira
Teror
Telde
La Aldea San Nicolás
Cruz de Tejeda
Pico de las Nieves 1949m
San Bartolomé de Tirajana
Ingenio
Arinaga
Agüimes
Puerto de Mogán
Puerto Rico
San Agustín
Maspalomas
Playa del Inglés
Gran Canaria
Atlantischer Ozean

Zwischen dem Hauptort von Gomera, San Sebastián, und Los Cristianos auf Teneriffa bestehen mehrmals täglich Fährverbindungen.

Impressum

Buchgestaltung
www.hoyerdesign.de

Karte
Fischer Kartografie, Aichach

Printed in Germany
Repro: Artilitho, Lavis-Trento, Italien – www.artilitho.com
Druck und Verarbeitung: Offizin Andersen Nexö, Leipzig

ISBN 978-3-8003-4030-9

Unser gesamtes Programm finden Sie unter:
www.verlagshaus.com